JN125458

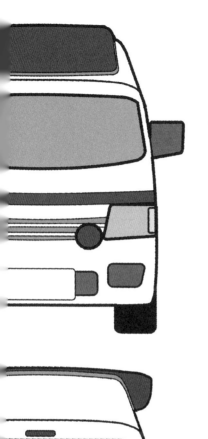

消防人生いろいろ

放水
できなかった
消防士

大浜 誠一郎
Seiichiro Ohama

文芸社

はじめに

「消防」という言葉を聞いて、皆さんは何をイメージしますか？　ほとんどの人は、「火災」だと思います。しかし、それ以外にも消防には、多種多様の業務があり、本当に奥が深い世界です。

「消防」を一言で表現すると、「災害対応のプロ集団」ということになります。しかし、消防署一つを取ってみても、さまざまな部署があります。私が勤務した消防署を例にして、簡単に紹介してみましょう。

　基本的には、署長を筆頭に、その勤務体系から、大きくは「日勤」と「隔勤」に分けられます。

「日勤」は、文字通り毎日、日中に勤務する職員で構成されています。担当により、「管理」「予防」「地域」に分かれます。

「隔勤」は、1日おきに勤務する職員で構成されています。24時間交代の2部制となっていますが、「年休」と呼ばれる有給休暇に加え、隔勤には独自に、「労休」も割り当てられます。これは、2、3日勤務するごとに与えられる公休日のことです。隔勤は、「指揮班」「消火隊（梯子隊や化学隊などの特殊隊を含む）」「救助隊」「救急隊」に分けられています。

　私が、そんな消防の世界を本格的に意識し始めたの

は、大学を卒業してまもなくのことでした。新聞に載っていた、「大阪市消防吏員募集」という求人広告に目が留まり、受験することにしたのです。

そもそも高校生の時も、進路にこだわりすぎて、大学入学がほかの人より遅くなってしまった私です。当時も、大学4年になってからスタートした就活を、卒業後も継続中でした。というのも私には、営利を伴う民間企業へ就職する気持ちは、まったくなかったためです。「公務員」にこだわり続けていたのです。

それでも、面接の練習のつもりで採用試験を受けた企業がありました。一次試験、二次の面接試験をクリアし、最終の幹部面接に合格すれば内定、というところまで来ていました。

でも、その面接で、「あなたは公務員試験も受けているようですが。もし、そちらが合格すればどうしますか?」と聞かれ、「公務員を選びます」と即答しました。

それほど公務員にこだわったのには、主に三つの理由があります。

「制服が好きなこと」「アルバイトでは、できない職種であること」「市民を指導できること」です。

こういった理由で、特に公安職を希望していたところ、前述の、「大阪市消防吏員募集」の新聞広告を見つけたのでした。

　採用試験当日には、ものすごい数の受験生が来ていました。結局、大卒15名の採用枠に約600名が受験し、競争率は40倍となっていました。

　一次の筆記試験に合格し、二次の面接の際、面接官に、「どのような消防士になりたいか？」と聞かれました。ちょうどその時、面接官の後方の窓越しに訓練中の救助隊員が見えたので、「今、訓練中の隊員のように、災害の最前線で市民のためにバリバリ働きたい」と答えました。

　そして、とことんこだわった甲斐があり、無事に合格することができたのです。私は晴れて、「大阪市消防吏員」として採用されました。

　しかし、そこまでこだわって入った消防の世界ですが、それから35年6カ月が経過し、60歳となったのを機に、定年による「引退」を余儀なくされました。

　そこで、消防吏員として奉職した年月を振り返りながら、私は自分の経験を、「自分史」としてまとめることにしました。「こんなイレギュラーな消防人生もある」ということを、改めて後輩、特に若年層の職員に知ってもらいたい……そんな思いからです。

　それに、「消防」の世界をまったく知らない方や、これからその世界を目指すという方に、少しでも興味を持っていただければと思っています。

もくじ

CONTENTS

CONTENTS

CONTENTS

第 **1** 部

私の消防人生

消 防 学 校

（1）消防人生の始まり

　消防学校は全寮制（ただし、週末などは帰宅も可能）で、6カ月間の研修を受けます。

　1部屋5名で班を形成しており、訓練では班単位での行動が原則です。そして時間割に従って、教室での座学、訓練施設での各種訓練（放水、救助、救急など）を毎日繰り返します。

　私が入校した年は、ちょうど年明けから雪の日が多く、放水訓練後のホースを、雪と一緒に巻いたことが何度かありました。また、10階建ての訓練塔の最上階から、ロープ1本で降下する訓練は、その恐怖感を今でも鮮明に覚えています。

　当時、訓練用の現場外套や長靴は、各個人への支給ではありませんでしたので、訓練の時間割ごとに資器材倉庫から借用することになっていました。長靴については穴の空いたものもあり、早い者勝ちで質の良い資器材を取り合っていました。

（2）100期生として

　ところで私たちは、大阪市消防局が昭和23年3月7

日（消防記念日）に発足して以来、ちょうど100期生ということもあり、マスコミにさまざまな形で取り上げられました。その中でも、最も印象に残っているのが、朝7時からのテレビの生放送番組に、同期生80名全員で出演したことです。

　毎朝校庭に整列して受けることになっている「学校長点検」を、7時の番組スタート時のタイトルバックに生で使う……という設定でした。

　その日は、いつもより1時間早く起床して生放送に備えていました。でも、いざ整列して点検が始まり、テレビ中継用のカメラが列をなめるように移動してきた時には、かなりの緊張感があったのを覚えています。

　その後私たちは、6カ月間の座学や訓練を経て、消防人としてのノウハウを学びました。そして3月の卒業式を目前に、「実科参観」を開催することになりました。

　各班がそれぞれに任務を与えられ、火災を想定した訓練を消防局の幹部をはじめ、招待された家族や関係者の前で披露するのです。

　今から考えると不思議なのですが、その時に私が与えられた任務は、「救急隊長」でした。

　ひょっとして、この時点ですでに、私の消防人生の着地点が、決まっていたのかもしれません。

幼い子どもは、なんでも口に入れてしまいます

　ある夜、2歳の孫が普段より上機嫌になっているのを祖母が見つけました。調べてみると、父親が飲み残してテーブルに置いてあった缶ビールを飲んでしまったのが原因でした。

住之江消防署

　消防学校を無事に卒業した私は、住之江消防署に配属されました。

　住之江区は大阪市の南西部に位置し、市内24区で最も面積の広い区です。西側には大阪南港があり、大型船の航路も設定されています。同期生として、同じ部に4名が配属されました。

（1）新米消防士の日々

　その頃の新米消防士の仕事といえば、まずは雑用でした。朝、出勤すると、出勤者の3食分の食事の注文を確認します。消防署によっては、3食すべてを作って、同じものを全員が食べる……というところもありました。

　でも当時、私が配属された部では、「同じものを食べて、万が一食中毒にでもなったら、災害対応の体制が崩壊してしまう」との責任者の意向で、3食ともすべて自前だったのです。

　そして最も気を使ったのが、朝のミーティング時に出す各署員の飲み物作りでした。コーヒーでもミルクの有無、砂糖の有無、濃さの注文が各人バラバラで、ココアや牛乳がいい、と言う人もいます。それぞれの好みを完璧に覚えることが、重要なポイントでした。

　そのほかに風呂掃除や、書類のコピーも新米消防士の仕事でした。当時はコピーも、まだ青焼きが主流でしたので、1日がかりの仕事になることもしばしばでした。

　ある日のこと、小隊長から、「管内の警防視察に行くで」と声を掛けられ、隊長以下4名で管内のさまざまな場所を見て回りました。

　その途中で小隊長から、「今、この横の民家が燃えていたら、どういうふうに本部へ無線で報告する？」

と、突然聞かれることもありました。緊張感をもって乗車するとともに、「どんな状況でも、災害に備えていなければいけない」という意識を植え付けられたような気がしました。

　そしてついに、実際の火災現場に出動する日がやってきました。

　管内で炎上火災が発生したのです。

　私たち新米消防士は、あらかじめ指定されていた消防車両に乗車して現場に向かいました。

　ある者は放水による消火、ある者は救助にと活躍していました。その時に私が乗車していたのは、「指揮車」だったため、現場での活動は、「情報収集」でした。そのため、同期生が全員帰署した時、私の現場外套だけが煤けもなく、きれいだったのを覚えています。

　それからというもの、何件かの炎上火災がありました。でもすべて、私が休みの日に発生したため、私に放水の機会が与えられることはありませんでした。

（2）紙芝居

　そしてある日突然、「君の将来のためやから」という理由で、「予防係」への異動が命じられました。そこでは、各種企業や学校の立ち入り検査が主な仕事でしたが、幼稚園や保育園での防火指導にも重点が置かれていました。

　ある時、予防係で管内の幼稚園や保育園の園児を対象に、「防火の紙芝居」をすることになりました。私は、市内でも最大級の幼稚園の担当となりました。

　一言で紙芝居といっても、こちらは素人ですので、なかなか難しいものです。いかに園児の心をつかみ、笑わせ、防火の種を蒔けるかが勝負です。毎日、同じ予防係の先輩の前で、練習に練習を重ねて本番に備えました。

　そして当日、幼稚園に到着して講堂に案内されると、そこには、すでに300人以上の園児が集まっており、とても賑やかな雰囲気でした。

　ステージに上がった私は、「みなさぁん、おはようございまぁす」と、大きな声で挨拶をしました。

　すると、「おはようございまぁす」という元気な声が返ってきました。その瞬間、

「よっしゃぁ、いけるでぇ」

　と思いました。

「今日は消防のおじさんが、消太くんと防太くんの話をします。それでは、始まり始まりぃ！」

　なんとか無事に、紙芝居は始まりました。園児たちのテンションが最も上がったのが、主人公の男の子である消太君が、マッチを使って火遊びをする場面でした。

「みなさぁん、こんなことしていいのかなぁ？」と、

会場の園児たちに問い掛けたところ、

「あっかぁん！」

　という大合唱が返ってきたのです。これには私も、園児たちがうまく紙芝居に入り込んできてくれていると感動しました。

　そもそも、人前で話をするのが苦手だった私ですが、その殻が破れる音を聞いたような気がしました。それとともに、「防火の種蒔き」を実感した瞬間でもあったのです。

（3）弁論大会

　当時、大阪市消防局では、毎年１回本部において、「弁論大会」というものが開催されました。市内25消防署の代表が集まって競い合うのです。

　その代表選考会に、予防係で最も若手だった私が出場することになりました。前述の紙芝居で、少しは人前で話をすることに慣れた私でしたが、少し重荷に感じていたのは確かです。しかし、それからというものは、毎日、代表選考会に向けての特訓が始まったのです。

　まず、先輩たちのアドバイスを受けながら原稿を作成しました。それを完全に覚え込んだ後、制限時間の５分間で、原稿を見ずに披露する練習を積み重ねました。毎朝のミーティング前に１回、昼休みに１回、退

庁前に1回が日課でした。

　さらに、講堂で署員が集まる会議や研修がある時は、自ら頼み込んで聞いてもらいました。最も緊張したのは、各消防署の署長が集まって会議をするとのことで、その会議の前に聞いてもらった時でした。でも、徐々に度胸がついていくのを実感しました。

　そんな特訓の甲斐があり、代表選考会に出場した5名の中で優勝することができました。私は署代表として、本大会に出場したのです。

　ちなみに本大会では、100パーセントの力を発揮できましたが、入賞はできませんでした。

（4）放水体験

　そんな日々を過ごしていた私ですが、やはり「現場の最前線で市民対応したい」という希望は持ち続けていました。特に、同期生と比べて未だに現場での放水経験がないことにコンプレックスを感じていたのです。

　私は消防士長に昇任して、災害現場の多い署へ異動しようと考えました。そして、昇任への試験勉強が始まりました。

　自宅での勉強は、甘えが出て集中できないと思った私は、署内で勉強しようと思い立ちました。夕方に勤務が終わると、まず署内で夕食を済ませ、その後21時頃まで会議室を借りて、勉強をしてから帰宅する……

そういった日々を送ったのです。

　その結果、無事に昇任試験に合格することができました。しかし、恒例の異動先の希望調査が来るだろうと待っていましたが、その気配はまったくありません。

　そうこうしているうちに、「内示」の発表があり、私は、「総務部人事教養課人事係」という、今まで聞いたこともない部署への配属となりました。

「現場に出たい」という希望が絶たれてしまった私の気持ちとは裏腹に、周囲では、「栄転やなあ、おめでとう」とか、「これで、将来は最低でも署長やで」という声が多かったのを覚えています。

コラム column
始めよう！　予防救急②

朝食抜きは体に悪いです

　ある朝、20代の男性が寝坊して、会社に遅刻しそうになったため、朝食を食べずに駅まで全力疾走しました。電車には間に合いましたが、車内で気分が悪くなり、動けなくなりました。

人 事 教 養 課

　その当時の人事教養課には、「人事係」「教養係」「厚生係」「監察係」の四つの係がありました。私が配属となったのは、人事係の中の「給与支給事務」の担当部署でした。

（1）私は銀行員

　そもそも、消防士となってまだ3年目の私は、消防局のこのような事務を担当する部署など、眼中にありませんでした。消防士として採用された者が、消防と直接関係のない仕事をすることなど、想像もしていなかったのです。

　初出勤の日に異動の辞令伝達式を済ませ、用意された自分の席に着くと、先輩が話し掛けてきました。

「職員番号は何番？」と聞かれ、私が、「〇〇〇〇〇です」と答えると、こう言われました。

「へえ、もうそんなに若い子が消防士長になってるんやぁ、がんばってやぁ。それと、明日からさっそく仕事をしてもらうけど、なるべく桁数の多い電卓を持ってきてなぁ」

　さっそく私は、帰り道の電器店で、12桁の電卓を購

入し、次の日から始まる数字との闘いに備えました。

　そして、次の日に出勤すると、「まず、自分の今月の給料明細書を作ってみて」と言われました。確かに、給料明細書には、支給欄に本給のほかに扶養や住居、通勤などの手当の項目があり、控除欄には所得税、住民税のほかに各種社会保険料の項目があります。まず自分の給料明細書を作ることにより、これから始まる仕事のアウトラインをつかむ必要があったのです。

　こうして、給与支給事務の仕事がスタートしました。6名の係員で、本部及び25消防署をそれぞれ振り分けて、給与及び各種手当、扶養の異動、出勤簿などの管理を担当するのです。私にも、5消防署の約500名の職員が割り当てられました。

　1年目はすべての事務が初めてで、新鮮だったのですが、2年目以降は1年目の繰り返しということで、仕事が単調に感じるようになりました。

　しかし、そんな単調な中でも時々、計算上、「1円足りない」ということが生じました。大抵は小数点以下の不具合でしたが、原因究明に深夜までかかることもありました。

　そんな時は、「こんな銀行員みたいな仕事をするために、苦労して消防に入ったんやない」というジレンマに襲われました。

24

（２）無断欠勤

　そして、仕事に対するモチベーションが下がりつつあった３年目。私に追加の担当事務が、割り当てられることになりました。それは、「住居手当及び通勤手当認定事務」です。

　職員が、転居や異動により、居住形態や通勤経路に変更があると、その届出に対して手当の認定を行うのです。ちなみに、この事務は消防局の全職員約3500名が対象でした。

　さらに、その忙しさに追い打ちをかけたのが、度重なる鉄道の運賃値上げに伴う、「通勤手当の一斉改定作業」でした。

　その頃はすべてが手作業でしたので、まず、各鉄道会社に出向き、新しい運賃表を１日がかりで入手することから始めました。その後、職員個々の通勤届に基づいて運賃改定作業を実施し、正しい手当として支給するのです。

　そんな中、私の仕事に対するモチベーションが、とうとう落ちきってしまいました。

　ある朝、いつも通りの電車に乗ったものの、職場の最寄り駅でどうしても下車することができず、そのまま帰宅してしまったのです。いわゆる、「無断欠勤」、「出社拒否」です。

（3）本部職員

　こんな環境から脱出するために、私は司令補の昇任試験に合格して異動しようと思いました。でも、うまく合格できずに、悶々とした日々を送っていました。

　しかし、ようやく光が見えてきたのです。人事係への異動から丸6年が経過したため、私もようやく異動の対象となりました。

　ただ、今こうして振り返ってみると、別の感慨があります。

　特に印象的だった先輩の言葉がありました。
「各署からの問い合わせに対して、軽く返事をするな。おまえの一言はすなわち、本部としてのスタンスと理解されるから、どのような問い合わせにも慎重に対応すること」

　私にとって、精神的に苦労した6年間でしたが、本部で勤務する職員としての心構えを学ばせていただいたのは事実でした。

「異動先の希望は聞いてもらえる」とのことでしたので、私は大阪市内で最も人口の多い区で、今度こそ消火隊として市民指導に当たりたいと思っていました。そこで、「平野消防署」を希望しました。

　ところが、その署では救急隊員のなり手が少なく、「3カ月だけでも救急隊員でお願いしたい」との打診がありました。その頃はちょうど、救急救命士一期生

が活動を開始した時期でした。救急隊が高度化のスタートを切った直後だったのです。

　日勤生活が7年にも及んでいた私には無理だと考え、いったん救急隊員の話はお断りしました。しかし、どうしても配置がつかないとのことで、再度打診されました。

　そして私は、「救急隊長代理」として異動することを了承したのです。

コラム column
始めよう！　予防救急③

子どもはエプロン代わりにはなりません

　ある夕方のこと、台所で20代の母親が、1歳の娘を抱いた格好で天ぷらを揚げていました。その時、娘の顔に油が跳ねてやけどをしてしまいました。

平 野 消 防 署

　平野区は、大阪市内の南東部に位置し、市内24区の中で人口が最も多い区です。また周辺の東大阪、八尾、松原の各市に隣接しており、大阪市と消防に関する相互応援協定が締結されています。

（1）初めての蘇生事案

　３カ月間だけのつもりで、救急隊長代理を引き受けた私ですが、日勤の時とは違い、たったの３日で体が隔勤のリズムに慣れてしまいました。

　やがて、さまざまな救急事案を経験するうちに、やはり今の私のレベルでは、高度化していく救急隊に対応できないと思い始めました。私は非番日になると書店回りをして、救急に関する本を買い漁るようになったのです。

　そんなある日、すでに活動を開始していた救急救命士一期生の隊長と、一緒に乗務する機会がありました。それは、私が救急隊員となって７日目のことです。

　ちなみに、運転を担当する機関員は、その日が初めての緊急執行による運転でした。隊長をフォローすべき隊員の２名に、救急経験がほとんどない状況でした

ので、隊長も不安がかなり強かったのでしょう、その日の午後、「今から訓練するで！」と声を掛けられました。

　訓練想定は、「心肺停止患者に対する救命処置」でした。救急救命士の隊長は、さまざまな資器材を使用して、救急救命士にしかできない、特定行為と呼ばれる救命処置を実施します。それに対して、私ともう一人の隊員がフォローするというものです。一連の救命処置を何回か繰り返すうちに、ある程度の流れが確認できました。

　そして翌朝の8時台に、「高齢女性が食事中に食べ物を喉に詰めた」との指令で出場しました。現場に到着すると、民家の居室内で高齢女性が倒れており、家族が付き添っていました。女性は、すでに心肺停止になっていました。

　隊長から、矢継ぎ早の指示がありました。
「喉頭展開するから、喉頭鏡を取って！　マギール鉗子も用意しといて！　もう一人は心臓マッサージ！」
「ああ、おでんの巾着みたいなんが詰まってるわ。マギール鉗子を取って！」
「ああ、出てきた、出てきた！　人工呼吸するで！」
「あれ、脈が出てきてるんちゃう？　どう？」
　私は、女性の総頚動脈に指を当ててみました。
「はい、確かに脈が出てます！」

なんと、現場で脈が回復したのです。さらに隊長が、救急救命士にしかできない「器具を使った気道確保」を実施した結果、女性はその後、搬送中に呼吸も回復し、搬送先の病院で、そのまま入院となったのでした。

　病院を引き揚げる時、隊長と私たち隊員２名は、「昨日、心肺停止患者の訓練をやってて、ほんまによかったねぇ」と顔を見合わせ、お互いに活動を労いました。

　その後、この救急活動の功績に対して、私にとって初めての、「消防局長表彰」を受けました。

（２）観察力

　また、ある日の朝、交代直後に指令を受けた事案が、私に救急救命士を目指すきっかけを作りました。「50代女性の急病」で出場しましたが、その日の乗組員の救急経験年数は、隊長の私が１年、機関員が３年、隊員が半年。さらに、救急救命士が乗車していない状況でした。

　ちなみに、交代前のこの救急隊には、救急救命士が乗車していました。また、救急要請のあった現場から２番目に近い救急隊にも、救急救命士が乗車していました。この事案は、時間的にも場所的にも、まさに救急救命士不在の救急隊を狙い打ったかのように発生した感じでした。

　現場に到着すると、車の中で女性がぐったりしており、呼びかけに反応はありませんでした。隊長の私が、引き続き観察したところ、「呼吸と脈はある」と判断。救急車への収容を優先しました。

　ところが、救急車内でもう一度、呼吸、脈、心電図を確認したところ、「心肺停止」だったのです。その後、人工呼吸及び心臓マッサージの救命処置を継続して、病院に搬送しました。でも結局、この方は亡くなってしまいました。

　この事案で、私が最も許せなかったのは、私自身の「観察力」です。

「この貧弱な観察力をもっと向上させなければ、今後、救急活動はできない」

　そう痛感した私は、救急救命士養成所で知識と技術を磨くのが、最善であると決意しました。

　この時から私は、「救急救命士」を目指すことにしたのです。

（3）救急救命士への道

　その後、署長推薦を経て、救急救命士養成所に入ることができ、6カ月間の研修が始まりました。

　養成所のカリキュラムはというと、期間の前半は、国家試験に向けた1日7時限の座学が主でした。大阪府内の各救命救急センターの医師などにより、さまざ

まな授業が展開されました。

　期間の後半は座学に加えて、「特定行為」と呼ばれる救急救命士しかできない救命処置の練習に励みました。

　ところが、当時私はすでに36歳だったこともあり、少々記憶力の限界を感じていました。研修期間も後半に差しかかると、新しいことを覚えると、以前に覚えた知識が、頭の中から零れ落ちていく感覚が出てきたのです。

　それからというものは、覚えた知識を頭の中でひたすら循環させることで、知識の忘却を回避するようにしました。そして、なんとか救急救命士の国家試験に合格することができたのです。

　約1カ月間の病院実習を経た、平成7年（1995年）6月8日。私は晴れて、「大阪市消防局救急救命士（四期生）」として認定され、活動を開始しました。
「定年まで、救急救命士として活動するぞ！」

　その時、こう心に誓ったのを覚えています。

（4）阪神淡路大震災当日の記憶
　　　　　　　　　　　　——平成7年（1995年）1月17日

　当時、私は救急救命士を目指して、「大阪市救急救命士養成所」で研修を受けており、3月の国家試験に向けての最終段階に入っていました。

　その日はちょうど月曜日ということで、前週の授業に対するテストが実施されることになっていました。明け方の5時46分、私は自宅のある大阪市内のマンションの11階で就寝中でした。突然の突き上げるような衝撃で目覚め、その後のグルグル回る感覚に体中が翻弄されるのが分かりました。

　部屋中のドアがガタガタと鳴り、食器棚のガラス類が床に落ちて割れる音が響きました。「新築間もないマンションなのに、このまま倒壊してしまうのか！」と思ったほどです。

　その後、余震が続く中で、自宅内を確認したところ、テレビ台や冷蔵庫が若干移動し、トイレ内がタンク水で水浸しになっていました。でも、それ以外は、コップが数個割れたぐらいで、大きな被害はありませんでした。

　結局、大阪市内の最大震度は4でした。しかし、私たち研修生が非常招集されることはなく、ほかの職員が神戸方面へ次々と派遣される中、研修を継続することになりました。

（5）点滴小僧

　当時、大阪市消防局では、「救急救命技術発表会」という大会が催されていました。救急隊が、その救命技術を競う場として、毎年1回、消防学校で開催され

たものです。

　市内25消防署から救急隊が集合し、3つのコースに分かれ、それぞれのコースに与えられた想定を、いかに迅速かつ確実に実施できるかを競うのです。

　その年、私も初めて救急救命士として、先輩とともに出場しました。私の隊に与えられた想定は、「心肺停止患者に対する輸液（点滴）処置」でした。

　私たちは1カ月以上も前から、その輸液処置の訓練を集中的に繰り返していたため、本番でも落ち着いて実施できました。その結果、見事に優勝できたのです。そしてこれを機に、私は自称、「点滴小僧」となっていくのでした。

（6）昇任意欲

　私は救急救命士として救急隊長代理を務めながら、日々の業務に当たっていました。

　そんなある日、出張所救急隊の隊長（消防司令補）が異動となり、その後任に、消防士長であるにもかかわらず、私が任命されたのです。

　その後も私は、消防司令補に昇任する気もなく、消防士長の救急隊長として活動していました。でも、ある日、出張所にかかってきた1本の電話が、私の昇任意欲に火をつけることになったのです。

　それは、本部からの電話でした。

「救急隊長をお願いします」

「私ですが」

「ええっ？　司令補の隊長は、いないんですか？」

「はい」

　この時の、私の救急隊があまりにも軽く見られたような言い方が、私を発奮させたのです。

「私が司令補の昇任試験に合格して、後任にも司令補の隊長を必ず呼んでくるから！」

　その瞬間、こう周囲に宣言した私は、猛然と試験勉強を始めました。

　そして無事に合格した私は宣言通り、わが出張所救急隊に、司令補の隊長を獲得したのです。

　同時に私は、都島消防署に異動となりました。

コラム column
始めよう！　予防救急④

飲酒後の入浴は危険です

　30代の男性が深酒をしてしまい、朝方の帰宅となりました。その時点で、すでに脱水状態でしたが、その後、さらに入浴をしてしまったため、ダブルの脱水で血液がドロドロに。意識を失って、浴室内で倒れているのを発見されました。

都島消防署

都島区は、地理的に南北に長く延びています。南部には、「京橋」というＪＲ、京阪、地下鉄の各鉄道が乗り入れるターミナル駅があり、私はその駅周辺を管轄する救急隊の隊長として配属されました。

（1）人間模様

駅は不特定多数の人々が行きかう空間であり、多種多様な事案が発生します。たとえば、飲酒がらみの事案や、階段やエスカレーターからの転落、深夜の傷害事案などです。特に、その頃は駅周辺に、「ホームレス」と呼ばれる人々が多数存在しており、さまざまな人間模様に遭遇しました。

ホームレスになるには、いろいろな事情があり、救急活動の中で詳細な内容に触れることもありました。救急車に乗ってくるなり、「どこでもええから、はよ病院に連れていけ！」と大声で威嚇してくる人もあれば、話の流れで故郷の幼少期の話になって、急に涙ぐむ人もいました。

（2）広報的救命処置

　そんな駅前の連絡通路で、ある日、通行人から１件の救急要請がありました。「目の前で人が急に倒れて動かない」との内容でした。

　現場に到着すると、雑踏の中で男性が倒れていました。観察したところ、「心肺停止」になっていました。

　周囲の状況から、救急車内への収容を優先させることも考えました。でも私は、救命処置の早期着手とともに、救急救命士の広報も兼ねて、あえて雑踏の中での救命処置を選択しました。

　隊員には、除細動器を使用した心臓マッサージを指示しました。一方の私は、確実な人工呼吸のため、倒れている男性の口からチューブを挿入。腕の静脈から輸液処置を実施した後、その男性を救急車内に収容しました。

　救命処置をしている最中、周囲の人々の視線が痛いほど感じられました。「失敗は絶対に許されない」と自分自身に言い聞かせながら、そのプレッシャーと闘っていたのを覚えています。

　この時期は、まだ救急救命士の社会的な認知度も低かったのです。それは、「今の救急隊は、ここまで救命処置ができますよ」という、広報的な部分も意識した活動であったのは間違いありません。

（3）不思議な体験

　また、ある日の午後、ある交差点での交通事故に出場した時、私は不思議な体験をしました。

　現場に到着すると、トラックの前にミニバイクが倒れており、その横に若い女性が目を閉じたまま横たわっていました。一見、出血もなく、呼び掛ければ目を開けてくれるような雰囲気でしたが、観察した結果、「心肺停止」と判明しました。

　重症交通事故ですので、救命処置と並行して、搬送先を確保するため、現場から最も近い救命救急センターに連絡をしてみました。でも、「ベッド満床のために受け入れ不可」との返事でした。

　そこで定石通り、距離的に2番目に近い救命救急センターに連絡しようとしました。ところが、救命処置中の隊員から、「高速道路を使えば、○○救命救急センターのほうが、時間的に早く到着できると思います」との進言があったのです。結果的に、その救命救急センターへの搬送となりました。

　病院に到着し、救命処置と並行して身元確認のため、患者である女性の所持品を警察官とともに調べました。すると、近々結婚式を挙げるのでしょうか、結婚式場のパンフレットが多数出てきたのです。

　さらに私が驚いたのは、この女性の婚約者は警察官であり、それも、今回搬送した救命救急センターのす

ぐ近くにある警察署に勤務しているとのことでした。
ひょっとして、現場での隊員の進言は、この女性の希
望の声だったのかもしれません。

　都島消防署での勤務も4年が経過し、「そろそろ本
署救急隊へ異動かな」と思っていました。
　すると、非番日で家にいた私に突然連絡がありまし
た。「警防部司令課指令情報センター」への異動が決
まったとのことでした。
　その瞬間、自分の予想とは大きく異なったせいか、
頭の中が真っ白になり、気がついた時には、自分が家
の中をわけもなく歩き回っていたのでした。

コラム column
始めよう！　予防救急⑤

ゲームのバーチャル体験と現実とは感覚が違います

　10歳の男の子が公園で遊んでいて、コンクリート製のトンネルを走り抜けようとした際、目測を誤ってトンネルの入り口で頭を強打してしまいました。

司令課指令情報センター

　当時の指令情報センターは本部（西区新町）の別館にあり、大阪市内すべての災害通報を受ける部署でした。それに伴い、出場隊の編成及び管理、現場との無線交信などを行う、災害対応の中枢でした。

（1）救急隊の分身

　今もそうですが、その頃の私は自信を持って、「超アナログ人間です」と言える状況でした。そんな私が、コンピューターに囲まれた指令情報センターで勤務することなど、まったく想像できませんでした。ましてや、救急救命士である私が、現場から離れた内勤で何ができるのかと、不安でしかなかったのです。

　初勤務の日、さっそく司令課長から話がありました。「君たちは、今日から『119番通報』を受けることになる。本来は、自分の受けた119番通報は、自分で現場に行って対応するのが筋だが、物理的に不可能だ。そこで近くの救急隊を選んで、自分の代わりに行ってもらっている。よって、救急隊は自分の分身であるということを念頭に、今後の指令業務に当たるように」

　この時から、「救急隊は、自分の分身」が、私の基

本的なスタンスとなったのです。

（２）立ち位置の模索

　指令情報センターは、119番受信及び指令、出場隊の管制業務が主な任務です。その管制業務は大きく、「指令管制」と「救急管制」に分かれます。救急救命士である私は、数カ月後に、「救急管制」の専属となりました。指令管制で指令を受けて、出場した救急隊の管理を担当する部署です。

　しかし、１年を経過した頃から、現場情報を送ってくる救急隊員の使用する医学用語に、私の知らないものが混じるようになりました。現場を離れてまだ１年なのに、日進月歩の医学界に、私の知識が早くも遅れ始めていたのです。改めて、指令情報センターという部署には、救急経験者が少なく、医学に関して閉鎖的であることを痛感しました。

　そこで私はまず、自分の救急救命士としての知識を向上させ、それを指令情報センター員にフィードバックすべきであると考えました。そして、医学界で新しい動きがあった時は、その都度、研修会を開き、指令情報センター員と現場の救急隊とのギャップが生じないように努めました。このことは、現場を離れた私が、やっと自分の立ち位置を見つけた瞬間でもあったのです。

（3）出産事案

　さらにある時、若手の指令管制員から、「さっき妊婦さんからの通報で、『生まれそう』と言われたが、口頭で何を指示してあげるべきか、うまく判断できなかった」という話がありました。

　そこで、ほかの指令管制員に聞き取りをしたところ、約3分の2の係員が、「出産に関わる通報の頻度は低いが、それゆえ、いざ受信した場合に、的確な指示ができるか不安」と答えました。

　すぐさま私は、「出産時のマニュアル」を作成し、通報内容に応じて誰でも同じような指示ができるようにしようと考えました。ちょうどその時、後輩の係員に、産婦人科の医師と知り合いの者がいました。そのルートを通じて内容を詰めた結果、一つの形を作ることに成功したのです。最終的には、それを各指令管制台に設置しての運用となりました。

（4）死刑宣告

　現場から離れてしまった救急救命士として、ようやく指令員に対する医学的研修という、自分の立ち位置を見つけた私でした。

　でもある日、消防局で実施された救急救命士対象の説明会で、大きなショックを受けることになりました。

　その説明会の会場には、あらゆる年代の救急救命士

が集まっていました。話の内容は、今後の救急救命士が実施する、「救命処置の拡大」について、でした。

　私には、救急救命士に認定された時からの、ある自負がありました。それは、将来的な処置拡大のために、まず現状の救命処置の技術を磨くとともに、あらゆる困難を乗り越えて、現場における特定行為を実施してきた……というものです。

　ところが、その説明会の席上で宣言されたのは、とても心外なものでした。

「認定時期の古い救急救命士については、後進の救急救命士に道を譲る形で、今後の救命処置の拡大を諦めてほしい」というものだったのです。

　今後も、救急救命士としての最高峰を歩み続けようと考えていた私には、この宣言が、「死刑宣告」にも等しい声に聞こえたのを覚えています。

（5）ある119番

　指令情報センターには、大阪市内からさまざまな119番通報が入ります。ある時、私が受信したのは、大阪市民の災害に対する弱さを象徴するものでした。

「はい、119番です。火事ですか？　救急ですか？」

「道を歩いていて、急にお腹が痛くなってきたので、救急車をお願いします」

「それでは、救急車を向かわせますので、そちらの場

所を教えてください」

「○○区のコンビニ○○店の前です」

「それでは、コンビニ○○店に救急車を向かわせますので、電話を切ってお待ちください」

　それから数分後。

「あのう、先ほど救急車を呼んだ者ですが……」

「先ほどの119番は、私が受けましたが、どうされましたか？」

「救急車のサイレンが聞こえてきたのですが、どうやって合図をしたらいいですか？」

「手を挙げていただければ分かると思います」

「なぁんだ、それでいいんだぁ」

（6）　全隊待機中

　指令情報センター内には、正面に消防車両の動態を設定する大きなパネルがあります。大阪市内に配置されている数百台の消防車両の状況が、一目瞭然で把握できるようになっています。そして、その動態は色分けされています。たとえば、出場中は「赤」、引き揚げになると「水色」といった具合です。

　ある日、管制台で勤務中の朝４時台のことでした。その時間帯にしては珍しく、119番の着信が少なく、大阪市内で出場していたのは、ある一つの救急隊だけでした。

　そして、その唯一活動していた救急隊の動態が、「赤」から「水色」に変わったのです。

　もし、この救急隊がそのまま帰署すれば、その時点で奇跡の、「大阪市内の全消防車両が待機中」という状況が達成できるのです。

　そして、私が固唾をのんで見守る中、その救急隊が無事に帰署し、奇跡は起きたのでした。
「早く、この瞬間を写真に！」

　私は思わず叫んでいましたが、ある係員がカメラを向けようとした瞬間、救急隊に指令がかかり、「赤」表示となってしまいました。

　こうして、「奇跡の瞬間」を残すことはできませんでしたが、後にも先にも、私が、「大阪市内全隊待機中」を経験したのは、この時だけでした。

（7）一斉送話

　指令情報センターでは、各消防署及び出張所に対して、気象情報や道路情報、重要な警防情報など、リアルタイムの情報を流す必要がある場合、アンプ放送で一斉に口頭で流すことになっています。

　そんな中、ある年の秋、プロ野球・阪神タイガースの優勝が間近に迫っていました。その優勝が決定するかもしれないという試合当日、私は指令情報センターで勤務していました。もし、その日に優勝が決定する

と、大阪市内のあちこちで優勝に伴う祝賀騒ぎが発生し、消防隊や救急隊が出場する可能性があったのです。そのため、それらの事案の把握を、各消防署及び出張所に、一斉に伝達する必要がありました。

　当時私は、指令情報センターの中でもベテランの域に達しており、後輩の若手職員もたくさんいました。

　いわゆる、「隠れ阪神タイガースファン」だった私は、その指令情報センター内の状況を利用して、「もし一斉放送をすることになったら、俺にやらせてくれ」と事前に頼んでいたのです。

　そして、とうとう、その時がやってきました。

「一斉送話、こちらは指令情報センターです。阪神タイガース優勝に伴う事案について……」

　と、無事に一斉放送ができました。でもやはり、「阪神タイガース優勝」という部分を絶叫調で言ってしまいました。

（8）出初式での大失態

　大阪市消防局では、例年1月6日に消防出初式を挙行しています。毎年の年始に当たり、その年の消防としての意気込みを広く市民に対して披露するためです。

　当日は、約1000名の消防職員のほか、市民も参加して、陸・海・空一体となった各種行進や訓練が実施されます。

　その式典の中でも、全職員と見学者が 1 カ所に注目する場面があります。それは、「国旗掲揚」です。「国旗に注目！」という号令とともに人々の目が国旗に集まり、君が代に合わせて国旗が掲揚されるのです。

　その大切な国旗掲揚の指揮者を私が任され、ほかの 2 名の職員と担当したことがありました。国旗掲揚台で私が敬礼とともに正面を注視し、ほかの 2 名が国旗についているロープを、君が代に合わせて左右交互に引っ張りながら掲揚するのです。曲の最後と国旗の揚がりきるタイミングが、ピタリと合うのが見せどころとなっています。

　その担当も、3 年目となった年のことでした。12月下旬の総合予行の当日、私たち 3 名は、国旗掲揚用に業者が設置するポールを確認していました。

　ポールは、「国旗用」と「市旗用」の 2 本立てで、一見同じものに見えます。しかし、旗についているロープの引きが、左右反対となっており、掲揚時の手の引き方が左右逆になるため、ポールの左右の位置は重要なポイントです。

　この日は、勤務の合間に 3 名で一生懸命練習した甲斐があり、君が代に合わせて国旗を完璧に揚げることができました。

　そして、いよいよ出初式の当日がやってきました。10時からの開始に備えて、各担当は早めに現地に集合

しました。私たち国旗掲揚担当の３名も、いつものように業者の設置した２本のポールの確認に向かいました。だが、なんと国旗用のポールと市旗用のポールの位置が、左右逆になっていたのです。業者に、「今すぐ立て直してください」と依頼しましたが、「もう時間がない」との返事でした。

　そこで３名で出した答えが、「国旗掲揚時の引き手を、左右逆にして対応しよう」というものでした。これまでに、体に染みつくほど練習してきた左右の引き手なので、直前の切り替えには危険が伴いました。でももう、これ以上の手段は思いつきませんでした。

　そうこうしているうちに10時となり、出初式が始まりました。そして、いよいよ国旗掲揚の時がやってきました。

「左右逆に！」と直前に確認し合って掲揚が始まりました。君が代が流れる中、私は指揮者として敬礼の姿勢で正面を注視しており、国旗の様子は見えませんでした。

　ところが、少ししてからのことです。会場がざわつき始め、悲鳴のような声が混じり始めたのです。恐る恐る見上げてみると、国旗が上に揚がらず、風で真横に流されていく状態でした。

　もう、君が代に合わせている余裕はありません。急いで３名でロープを引っ張り、やっとのことで、国旗

をポールの一番上まで掲揚できました。

　しかし、次の年からは、私が国旗掲揚担当になることはありませんでした。

（9）新庁舎への移転

　消防局庁舎は建て替えの時期となり、平成20年（2008年）３月に新庁舎へ移転すると同時に、指令システムについても、新しいものに更新することが決まっていました。

　そのため、私たち指令情報センター員は、新庁舎への移転作業と並行して、新システムのオペレーションの研修を受けていました。勤務の合間に、新システムについての座学を受けたのです。加えて、非番日には新庁舎に出向き、実際の新システムを使っての実地研修を受ける、という日が続きました。

　そして、いよいよ新庁舎への移転の日がやってきました。私はその日、前日から旧庁舎で勤務をしていましたが、最大の難関は、119番回線を、旧システムから新システムへと順番に切り替えていく作業でした。直接、私たちが切り替えるのではないのですが、この作業が完了するまでは、勤務から解放されないのです。

　その日の朝９時、通常は交代の時刻ですが、その交代職員は新庁舎へ出勤し、私たちと同じように切り替え作業の受け側に当たりました。

作業が進むにつれて、旧庁舎に着信する119番は減少し、逆に新庁舎の着信は増加していきました。そして夕方になり、旧庁舎の着信音がピタリと止まりました。

　しばらくして、切り替え作業の調整をしていた責任者が、「切り替え完了」と宣言。新システムへの移行が完了しました。私たちは、旧庁舎がただの建物と化した、たいへん貴重な瞬間を体験できたのです。

　そして次の日からは、新庁舎での勤務となりました。新システムの運用や、新しい待機室での生活にワクワクしながら出勤しました。

　ところがなんと、その初出勤の日に異動の内示があったのです。私は消防司令に昇任し、住吉消防署の救急担当司令となってしまったのです。

　あれだけ新システムの研修を受けていたので、今回の異動は絶対にないと思っていました。「なんで？」という気持ちと、７年ぶりの現場復帰に対する不安で、私は複雑な感覚に陥っていました。

　結局、新庁舎と新システムとのお付き合いは、残念ながらたったの２日間だけでした。

コラム column
始めよう！　予防救急⑥

高齢になると手足の
コントロールが難しくなります

　80代の男性が、電動自転車に乗って走り出そうとしたところ、操作を誤って急発進。近くの壁に激突してしまいました。

住 吉 消 防 署

　住吉区は大阪市の南部に位置し、６本の鉄道が南北に走っています。初詣などで全国的に有名な「住吉社」があります。住吉消防署には出張所が２つあり、救急隊は本署に２隊、出張所に１隊配置されていました。

（１）部下の洗礼
　７年ぶりの現場活動となった私は、まるで「浦島太

郎」状態でした。救急活動自体が２年前からマニュアル化され、秒刻みの記録や、資器材の高度化が図られており、私が扱ったことのない資器材もありました。救急救命士が実施できる救命処置も拡大されていました。

　しかし、なんといっても、今までと違っていたのは、「管理職」という立場になったということでした。特に、「管理」については、組織を見る目、職員を見る目など、とにかくあらゆる点で、今までとは180度異なっていたのです。

　そんな中、部下の１人の30代の隊員が、私に大きな衝撃を与えてくれました。医学的な知識と技術において、彼は当時の救急救命士の最高峰にありました。そして、相手のレベルに合わせた指導力も卓越していました。

　さらに、上司の私に対しても遠慮なく、「愛のムチ」と、「的確な指導」を加えてくれました。その彼のおかげで、私は早期に、「浦島太郎」から脱出できたのだと思います。

　加えて彼は、自ら企画した大規模訓練に対する調整力や、動員力も抜群でした。私は、所轄の１救急隊で活動するには、もったいない人物として、彼を高く評価していました。そんな彼のおかげで、私は管理職としてのスタンスを「部下が活動しやすい環境づくり」

に定めることができたのです。

（２）死を覚悟

　その彼と一緒に出場した事案で、私は一時的である
とはいえ、死を覚悟したことがあります。それは、あ
る夜のことでした。

「40代男性の気分不良」という指令で出場し、指令場
所であるマンション１階の１室のチャイムを鳴らしま
した。すると、部屋の奥から、「なんじゃあ！」とい
う男性の大声が聞こえ、ものすごい勢いで玄関に近づ
いてくるのが分かりました。

　私は玄関のドアノブを押さえながら、急なドアの開
放に備えていました。しばらくすると、玄関ドアが中
から押し開けられ、包丁が目の前にヌッと現れたので
す。

　とっさに退避行動を取ったのですが、背後は高いフ
ェンスで袋小路となっており、逃げるのが困難な状況
でした。そして、私がその男のほうを振り返った瞬間、
目と目が合ってしまったのです。

「刺されて死ぬかもしれないが、資器材バッグを抱え
たまま体当たりするしかない」

　そう覚悟を決めて、一歩踏み出そうとした時、後着
の機関員が、「どこですかぁ？」と声を掛けてきたの
です。そのため一瞬、その男の顔が、機関員のほうに

向いたのでした。

「逃げろ！」

私はすかさず、横にいた彼に声を掛けました。そして、背後の高いフェンスを必死でよじ登り、裏の畑に落下するように脱出できたのでした。

その後110番をして、現場に警察官を要請。この事案は決着しました。

（3）頻回利用者

住吉消防署での3年間は、救急車の頻回利用者との闘いでもありました。救急担当司令が、そのリストを作成するのですが、出入りが激しいために完成することはありませんでした。

私も、そのリストの作成を引き継ぎましたが、常に10名前後で推移していました。その中でも次の3名の方々については、1日に数回の救急要請があり、特に問題となっていました。

90代女性：昔は裕福な暮らしぶりだったということですが、高齢になってからは認知症を患い、晩年は生活保護を受けながら独居生活を送っていました。毎日のようにヘルパーが訪問していましたが、仲良くなれず、寂しさのあまり119番通報に至っていました。

30代男性：精神疾患を持っていましたが、手足が痒くなったり、空腹になったりすると、薬の塗布や買い

郵 便 は が き

料金受取人払郵便

新宿局承認

1409

差出有効期間
2021年6月
30日まで
（切手不要）

160-8791

141

東京都新宿区新宿1－10－1

（株）文芸社

愛読者カード係 行

ふりがな お名前		明治　大正 昭和　平成　　年生　歳	
ふりがな ご住所	□□□-□□□□		性別 男・女
お電話 番　号	（書籍ご注文の際に必要です）	ご職業	
E-mail			

ご購読雑誌（複数可）	ご購読新聞
	新聞

最近読んでおもしろかった本や今後、とりあげてほしいテーマをお教えください。

ご自分の研究成果や経験、お考え等を出版してみたいというお気持ちはありますか。

ある　　　　　ない　　　内容・テーマ（　　　　　　　　　　　　　　　　　）

現在完成した作品をお持ちですか。

ある　　　　　ない　　　ジャンル・原稿量（　　　　　　　　　　　　　　　　）

書　名						
お買上 書　店	都道 府県	市区 郡	書店名			書店
			ご購入日	年	月	日

本書をどこでお知りになりましたか?
1.書店店頭　2.知人にすすめられて　3.インターネット(サイト名　　　　　　　)
4.DMハガキ　5.広告、記事を見て(新聞、雑誌名　　　　　　　　　　　　)

上の質問に関連して、ご購入の決め手となったのは?
1.タイトル　2.著者　3.内容　4.カバーデザイン　5.帯
その他ご自由にお書きください。
(　　　　　　　　　　　　　　　　　　　　　　　　　　　　　　　　　)

本書についてのご意見、ご感想をお聞かせください。
①内容について

②カバー、タイトル、帯について

物依頼のために救急車を要請していました。

　50代男性：アルコール依存症でしたが、自宅で飲酒して誰かに相手をしてほしくなると、119番通報に至っていました。

（4）悲惨な火災現場

　焼死者が多数発生した炎上火災にも出場したことがあります。

　ある日の夜のことです。署内に火災トーンが鳴り響き、「現在、民家が炎上中で、逃げ遅れが4名いる」との情報でした。

　出場指令書を見た私は、救急隊が複数隊指令されていたものの、部下の隊員に、こう伝えて出場しました。「現場に到着した時点で、逃げ遅れの情報に変更がなければ、救急隊を増強要請して救急中隊を編成。我々の隊は、救急中隊長として活動する」

　現場に到着すると、逃げ遅れの情報はそのままでした。そこで事前の想定通り、救急隊を増強要請し、私は救急中隊長として活動に当たりました。

　しばらくして、救急隊が現場に集結し始めた頃、炎上中の民家から次々と逃げ遅れた人たちが救出されてきました。4名が救出されましたが、どの人も体全体から湯気を立てた状態で、心肺停止となっていました。年齢や性別の判断にも苦慮するような状況でした。

（5）薬指の思い出

　ある日、30代男性の自損行為（首吊り）で出場しました。

　現場に到着すると、家族が半狂乱になっており、誘導されるがままに、その男性と接触しました。

　いろいろな物が散乱した室内にある2段ベッドの柵にロープを掛け、首に巻いた状態で心肺停止になっていました。

　まず、救命処置のためのスペースを確保するため、障害となるような物を除去。その後、首に巻き付いたロープを切断して、床上に仰向けにしました。

　そして、私が器具を使った救命処置を実施するため、その男性の頭側に移動しようとした時です。私は体のバランスを崩して、スローモーションのように、男性の頭側に右手を着地させてしまいました。

　その際、床上に置かれていた物に私の右手薬指が引っ掛かり、グーとは反対方向に曲がってしまいました。その場は自力で元に戻しましたが、結局、指は真っすぐには伸びなくなってしまい、現在に至っています。「敬礼」は、右手の5本指が真っすぐに伸びるのが最も美しいのですが、私の場合、今でも若干薬指が曲がってしまいます。

　しかし、これも救急救命士として活動していた証として捉えることにしています。

（6）東日本大震災当日の記憶

——平成23年（2011年）3月11日

「東日本大震災」があった当日は、非番日ということで、自宅で妻とテレビを見ていました。そして14時46分、突然ふわふわとした揺れを感じました。

その状況から、「震源は遠い」と思いながらも、その後の余震に身構えていましたが、同じような揺れがいつまでも続きました。

あまりにも長い揺れのために、気分が悪くなるのを恐れた私は、同じように体を揺らしていたら揺れを感じないのではないかと考えました。それで、わざと体を踊らせるようにして、揺れに耐えていたのを覚えています。

その後、テレビで映し出されたのは、「津波」でした。それも、今までに見たこともない、巨大なものでした。さらに、さまざまな場所からの映像が、次々に画面に映し出されていきました。

「こんな災害が地球上にあるなんて」という衝撃が走り、「もうこれ以上の災害はありえない」という、一種の悟りの気持ちになっている自分がいました。

この震災は、私の災害に対する考え方を変えました。その後も、さまざまな困難事案に遭遇しましたが、そのたびに、「あの時の震災に比べたら、なんてことはない」と思えるようになっていたのです。

寒くても両手は
ポケットから出しましょう

　ある寒い冬の朝、７歳の男の子が登校中、ポケットに両手を入れたまま駅の階段を上っていました。つまずいて転倒し、顔面から着地してしまいました。

北　消　防　署

　北区はＪＲ大阪駅を中心に、大規模な地下街や繁華街があります。高層ビルや大規模ホテルも建ち並び、特に昼間人口が集中する地域です。

　そんな地域を管轄する北消防署は当時、職員数が200名弱という、市内25署の中で最大の消防署でした。本署以外に出張所が６カ所あり、救急隊も４隊配置されていました。それぞれの救急隊が繁華街を中心に、昼夜を問わず活動しているという状況でした。

（１）　過酷な日々

　私は、その市内最大の消防署の４救急隊を統括する立場となり、自らも救急活動に従事しながら、事務処理にも対応するという日々が続きました。

　４救急隊合わせて、１日に50件前後の出場がありました。そのため、24時間全力で救急業務に没頭しても、なお、救急活動記録の決裁を中心とした事務処理が滞るようになりました。

　その対応策として、ある時は勤務日の夕方まで、救急隊乗務から一時的に外れて事務処理に没頭しました。またある時は、休日に消防署の近くまで遊びに来たついでに立ち寄って、事務処理をしたこともありました。しかし、それでも事務処理が滞るという状況の慢性化は継続していたのです。

　そういう中での最大のストレスは、頻回の救急出場のため、何事にも腰を落ち着けて対応できないということでした。たとえば、救命講習会において、市民に対する指導中に、指令を受けて出場したこともあります。署内研修中や、市民からの相談対応中に出場するという、中途半端な対応も余儀なくされました。

　その後、精神的なストレスに加えて、肉体的な限界をも感じられるようになったのが、勤務明けの帰宅途上でした。電車の乗換駅を居眠りをして乗り過ごし、遠くの駅まで行ってしまうことが徐々に増えてきたの

です。

　そんな中、北消防署勤務時代で最も過酷な日がやってきました。それは、初夏の湿度が高い日でした。

　勤務交代後から救急出場が重なり、翌日の深夜３時台に心肺停止事案の指令を受けたのが、16件目でした。結局その日は、勤務交代までに18件の出場となりましたが、引き続き大きなイベントが控えていました。駅構内での、駅員と合同の大規模な救命講習会です。

　私たちは、勤務交代後に現地に向かいましたが、昨日にも増して猛暑となっていました。日陰での実施にもかかわらず、熱風が時折吹き抜けるという最悪の状況でした。でも、なんとか、13時過ぎに無事、予定のイベントを終了することができました。本当に長い過酷な一日でした。

（２）労務管理

　救急出場が多い中、時々、労務管理や事務処理の目的で、救急隊以外の乗務になることもありました。ただ、私自身は、どの消防車両に乗務しても、災害出場とは縁が切れない状況になっていました。

　ある日、梯子隊の小隊長として勤務した時のことです。労務管理のため、深夜帯となった23時過ぎから仮眠に入ろうとした途端、火災指令が入り、繁華街の一角に向かいました。

　深夜にもかかわらず、横断歩道を渡る人が多かったことには驚きました。でもショッキングだったのは、その人たちが、「ウーウー、カンカン」と大きな車体を揺らして走ってくる梯子車に、道を譲る気配があまりなかったことでした。

　さらに、その現場から帰署した直後、2度目の火災指令がありました。私は梯子小隊長として、またもや出場しましたが、深夜帯に梯子車が2回も出場するのは、とても珍しいことでした。

　またある日は、救助支援車の小隊長として勤務していました。主な任務は、夜間における現場での照明作業や、炎上火災で隊員が使用する空気呼吸器のボンベ充填作業です。

　この日も労務管理ということで、深夜帯に仮眠の準備をしていました。すると、ほかの署管内で大きな炎上火災があり、現場でのボンベ充填作業の任務で出場しました。結局、帰署したのは深夜3時を回っており、この日も労務管理とはいきませんでした。

　このマンモス消防署での勤務が、2年を経過しようとしていました。私自身は「もう1年、この署で勤務するのは、精神的にも、肉体的にも厳しい」と思っていました。そんな時、港消防署への異動が決まり、正直なところ、心の底からホッとしたのを覚えています。

コラム column
始めよう！　予防救急⑧

階段からの転落でも、
死に至ることがあります

　70代の女性が、自宅の階段から転落しました。いわゆる、「打ちどころが悪かった」ため、そのまま亡くなってしまいました。

港 消 防 署

　港区は大阪市の西側に位置し、東西に長い地域です。管内には、大阪市立中央体育館や大阪プール、海遊館といった全国的にも有名な建物があります。

　そんな地域にある港消防署は、職員数が70名程度、出張所も１カ所で、救急隊の配置も１隊のみという、前任の北消防署とは真逆の小規模消防署です。

（1） 伝統の連携活動

　勤務し始めて最も驚いたのは、私が指令情報センター勤務時代に手掛けたにもかかわらず、体制的に頓挫していた「ＰＡ連携活動体制」を、この署では10年以上も前から伝統的に継続していたことです。

「ＰＡ連携活動体制」とは、心肺停止や人手が必要な事案に対して、現場に消防隊を増強要請することにより、救急隊と消防隊が連携して救急活動に当たるものです。

　私も指令情報センター員として、現場の港救急隊からの増強要請を何度も受けたことがありました。その時の状況は、鮮明に覚えていましたが、その体制が続いていたことに感動しました。そして、その恩恵を自ら受ける時がやってきたのです。

　ある日、急病の指令を受けて現場に到着したところ、心肺停止であったため、例のごとく消防隊を増強要請しました。そして引き続き救命処置を実施し、特定行為に移ろうとしていた、その時です。消防隊が到着してくれたため、その後は連携した救命処置が展開でき、迅速かつ的確な搬送へと繋がりました。

　それにしても、現場からの増強要請から到着まで約３分という驚異の速さ。私は消防隊長に状況を聞きました。

救急隊が指令を受けて出場する際、その指令内容を見た受付員が、「ひょっとしたら、心肺停止事案かも？」と感じ、あらかじめ消防隊に連絡を入れてくれていたとのことでした。それにより、救急隊からの増強要請が入る前に、すでに出場準備が整っていたのでした。

さらに聞いてみると、10年以上も前から定期的に、「ＰＡ連携活動体制」の署内研修を実施していたとのこと。港消防署では、いつ救急隊から増強要請があっても、迅速かつ的確な連携活動ができるようになっていたのでした。

（2）予防救急の広報

私は常々、「災害は、市民が傷つくすべての事案である」と考えています。当然、「救急」という事案も災害の一つであり、「火災」と同様に、「ゼロを目指すべき災害」であると思っています。

そこで重要となるのが、「予防救急」という考え方です。これは、「予防医学」と同じようなイメージであり、「市民自身が、救急車を必要とするような事案に遭遇してしまうのを防ぐ」という意味です。

ちなみに、この「予防救急」については、私が都島消防署勤務時代の平成13年、消防局の職務研究論文の募集に応募、佳作をいただいたという経緯があります。

『予防救急の確立〜救急出場件数は減らせるのか〜』
というタイトルでした。

　そしてこの年、消防局に、「予防救急施策研究会」
が発足。港消防署が救急担当署でもあったことから、
私は救急担当司令として、その研究会の初代委員にな
ることができました。

　定期的に開催された会議では、「予防救急の市民へ
の普及啓発」及び、「救急車の頻回利用者への対応」
を二本柱として、さまざまな施策を打ち出していきま
した。

　さらに港消防署では、市民への広報媒体として、
『港〜く』という広報誌が発行されていました。私は
予防救急の広報の一環として、その紙面の一角を使っ
て、「救急川柳」や、救急隊が実際に経験した事案の
紹介を始めました。

　その時の私の思いは、「市民の皆さん、実際にこん
な救急事案が発生しました。決して同じようなことを
して、救急車が必要な事態にならないでください」と
いうものでした。

（3）救急車の同乗研修

　ところで、私は指令情報センター勤務時代から、
「指令管制員の救急車同乗研修の必要性」を感じてい
ました。なぜなら、大阪市内で発生する災害の約95パ

ーセントは、「救急」であるにもかかわらず、指令管制員に救急経験者が少なかったからです。

　救急経験がない状況で、119番通報を受ける場合の最大のデメリットは、「事案のキーワードを聞き損なう危険性がある」ということです。さらに、指令管制員自身が、指令した後の救急隊の動きがイメージできず、救急活動に必須の情報を欠落させてしまうかもしれないということです。

　そして最悪の場合、それが救急隊や患者にとって、致命傷にもなりかねないのです。この問題は、前にも触れた、「救急隊は指令情報センター員の分身である」ということに繋がっていくのです。

　そんな中、定期的に実施されている、各消防署と指令情報センターとの意見交換会が開催されることになりました。その席で私は、思い切って次のような提案をしてみました。

「救急経験のない指令管制員は、指令後の救急活動のイメージがつかみにくいでしょう？　もし指令情報センターが、指令管制員の救急車同乗研修を希望するのであれば、港救急隊で受け入れる準備はできています」

　すると、この話はトントン拍子に進みました。結局1カ月間で、計十数名の指令管制員が、「救急車同乗研修」に参加することができました。

　そして研修後の評価は、「指令された事案に、救急隊がどのように対応しているのか、改めて明らかになり、たいへん有意義だった。今後の指令管制業務にも生かせる」とのことでした。

（4）中隊長代行時の炎上火災
「私が中隊長代行の日は、よく炎上火災がある」というジンクスは、この署に異動しても継続していました。

　ある日の深夜帯に入ってからのことです。

　署内に火災指令のトーンが鳴り響きました。指令場所が署から近く、さらに、「119番の続報が多数ある」との情報から、炎上火災であることが判断できました。

　現場に到着するまでの無線交信で、共同住宅の中層階が燃えていることが分かりました。現場に到着後、指揮本部を設置して見上げると、１室から煙が噴出しており、逃げ遅れが２名いるとのことでした。

　しばらくして、その２名が発見されたものの、「両者とも心肺停止」という情報が入りました。本部にその情報を無線で送ろうとしたところ、突然、「ドーン」という爆発音が。頭上を見ると、部屋から炎が噴出していました。

　結局、１室のみの火災でしたが、焼死者２名を出す結果となりました。翌朝の警察との合同現場検証は、夜になるまでずれ込みました。

（5）ある姉弟の思い出

　ある住宅に、60代の姉弟が同居していました。家自体は、亡くなった父が残してくれたものとのこと。弟には知的障害があり、姉が身の回りの世話をしていましたが、その姉も精神疾患を患っているという状況でした。

　私がこの姉弟との接触を迫られたのは、弟が頻繁に119番通報をするためでした。その通報の多くは、救急要請でしたが、救急隊が現場に到着して観察しても、毎回なんら問題のない状態。病院に搬送する必要がなく、姉も搬送を拒否する場合がほとんどでした。

　しかし、問題だったのは、「火災通報」でした。

　たとえば、台所にあるコンロに付いている赤いパイロットランプを見たり、新聞に火事の記事が載っていたりすると、「火事‼」と言って、119番通報してしまうのです。そのたびに、十数台の消防車が出場し、何事もないのを確認して引き揚げる……ということが時々ありました。

　その後も状況は改善されなかったため、なんらかの対策をとる必要が出てきました。そこで、私が消防側の窓口となって、姉弟はもちろんのこと、区役所の福祉担当及び、近隣住民との調整を重ねたのです。

　最初は、姉の弟に対する溺愛の状況に打開策が見つからず、困難を極めました。でも、さまざまな角度か

ら、それぞれの立場で知恵を出し合った結果、数カ月後には無事に、姉弟が安心して生活できる環境を提供することに成功しました。

　それからは、119番通報も皆無となりました。

コラム column
始めよう！　予防救急⑨

幼い子どもはちょっと　目を離した隙に……が危険です

　30代の父親が、食べかけのカップラーメンをテーブルの上に置いたまま、ちょっとトイレに立ちました。その間に1歳の息子が、そのカップラーメンを倒し、上半身にやけどをしてしまいました。

阿 倍 野 消 防 署

　阿倍野区は路面電車が南北に走っており、北側には繁華街、南西側には閑静な住宅街があります。そして、この街のランドマークとなっているのが、建物としては日本一の高さを誇る、「あべのハルカス」です。

　阿倍野消防署には、救急隊が３隊配置されていました（本署２隊、出張所１隊）。地理的に周辺の各区に隣接しているため、他区への出場も多くなっています。

（1）テレビドラマの舞台

　なんといっても、この阿倍野消防署は、大阪市消防局を題材としたテレビドラマの舞台となった消防署です。女優の藤原紀香さんや俳優の小池徹平さんなどが出演した、ＮＨＫ土曜ドラマ『ボーダーライン』です（平成26年〈2014年〉10月４日から５話連続放送）。

　私は、放映からまもなくの異動であったため、「ああ、この場所は、あの場面の……」という発見が多く、たいへん感動したものでした。

　しかし、庁舎は古いものでした。特に救急隊専用の庁舎は、本庁舎とは別棟のプレハブ２階建てで、救急車を駐車するためのガレージはなく、プレハブ庁舎前

の敷地内に青空駐車という状況でした。降雨時の乗り
降りには、苦労しました。夏期の日差しが強い期間に
ついては、救急車の避暑のために、本庁舎のガレージ
内の消防車両を少しずつ移動させ、その空きスペース
に間借りするような形で駐車していました。

（2）激動の年明け

　ある年の大晦日、私は救急隊長として勤務していま
した。そして、新年を迎えた直後に救急要請がありま
した。

　駅構内の女子トイレ内で、30代の女性が自損行為
（首吊り）に及んだものの失敗し、大声を出している
ところを通行人が通報したものでした。

　現場に到着したところ、女性が錯乱状態で女子トイ
レ内に倒れており、警察官が先着していました。観察
をしてみると、首にはうっすらと1本の筋が付いてい
ました。でも特に命に問題はなく、警察官と協議した
結果、精神科の病院を探すことになりました。

　まもなく、その日の精神科の当番病院に搬送先が決
定しました。でも当該病院からは、次の三つの条件を
クリアしてから搬送するようにとの指示があったので
す。

　①軽傷とはいえ、首の傷をほかの病院で診てもらい、
異常がないことを確認してもらうこと。

②正月の３日間は、精神科病院では血液検査ができないので、ほかの病院で血液検査を受け、そのデータを持参すること。

　③入院時に本人の同意を得るのが困難な様子なので、必ず家族に同乗してもらうこと。

　基本的に精神疾患があると、今までの経験上、受け入れ先を決定するのに苦慮する場合が多いことを私は認識していました。ましてや深夜時間帯で、付添人もいない状況では、今回のように最終的な受け入れ先が確保できていても、条件をクリアできる病院は、なかなか見つかりませんでした。

　そんな時、私たちの病院選定と並行して、家族のことを調べていた警察官から情報が入りました。母親が大阪市内に住んでいるとのことでした。さっそく、その母親に事情を説明し、なんとか救急車への同乗を了承してもらい、条件の③はクリアできました。

　その後、粘り強くあちこちの病院と交渉した結果、受診できる病院が見つかりました。これで、条件の①及び②もクリアできました。

　まず、外傷対応と血液検査のために、その病院を受診。検査結果が出るまで病院内で待機した後、続いて、大阪市内に住む母親宅を訪問して同乗してもらいました。そして精神科病院へと向かったのです。

　事案が完了して帰署した時には、すでに朝の6時を回っていました。新年は、激動の幕開けとなりました。

（3）中隊長代行時の炎上火災

「私が中隊長代行の日は、よく炎上火災がある」というあのジンクスは、この署に異動しても、まだまだ継続中でした。

　ある日、深夜帯に入ったため、労務管理のために仮眠しようとベッドに入った直後のことでした。火災指令のトーンが、署内に響き渡りました。ガレージから出場してまもなく、キナ臭さを感じるとともに、炎上火災である旨の無線情報が飛び込んできました。

　現場に到着したところ、付近一帯に煙が立ち込めていました。指揮本部を設置して火元を確認すると、住宅密集地にある2階建ての長屋が炎上中でした。

　各消火隊が延焼を阻止すべく、放水作業を継続した結果、長屋のみの焼損で周囲への延焼はありませんでした。

　しかし私が帰署したのは、朝の6時過ぎでした。10時からは警察との合同現場検証があり、帰宅できたのは夜になってからでした。

　結局この日も労務管理はできず、逆に一昼夜ぶっ続けで業務に当たったということになります。

（4）私のノーベル賞

　私はこの年、大阪府医師会長から、「救急医療功労者表彰」を受けました。これは長年、救急業務に従事し、その功績が顕著であると認められる救急隊員が対象となるものです。大阪市消防局からは、最近では毎年１名が表彰されています。

　そもそもこの制度は、旧厚生省（現厚生労働省）が昭和57年７月に、「救急の日（９月９日）」及び、その日を含む「救急医療週間」を制定したことから始まりました。

　その目的は、救急医療及び救急業務に関する国民の理解と認識を深めるとともに、救急医療に携わる者に対する意識の高揚を図るものです。その「救急の日」を記念して、表彰されることになっています。

　長年、救急業務に従事してきた私にとって、この表彰を受けることは、「ノーベル賞」をいただくことに匹敵するぐらいの価値があります。今までの功績が認められた証として、その後の救急業務に対する、より一層の励みとなったのです。

コラム column
始めよう！　予防救急⑩
. . . .

高齢者の生活は
足元に要注意です！

　80代の女性が、外出しようと玄関に向かったところ、固定されていなかった玄関マットで足元を滑らせ、転倒した際に足を骨折してしまいました。

大 正 消 防 署

　大正区は大阪市の西側に位置し、南北に長い地形となっています。ただ、鉄道は区の北端にＪＲと地下鉄の駅があるのみで、区内の移動はバスが中心となっています。しかしながら、朝夕のそれぞれ２時間だけは、通勤・通学に便利な急行バスが運行されています。停車する停留所が大幅に間引きされ、時間短縮が図られているのです。

　また区全体が、川や運河に囲まれているため、区内

外の移動には橋が主力となっています。全国的にも珍しい、「渡船」も7カ所で運航されているのが特徴です。

（1） 理想的な環境

　私は常々、退職年齢に達する消防人生の最後の2年間は、できればゆっくりと救急のことを振り返る時間がほしいと思っていました。大正消防署は、それを見事に現実のものにしてくれました。

　幸いなことに、明らかに他区よりも救急事案が少なく、活動に苦慮する事案も、ほとんどありませんでした。1日の勤務時間すべてにおいて、ゆっくり腰を落ち着かせて対応できるという実感がありました。

　ですが、大正消防署に異動して驚いたことがあります。救急車での病院引揚の途上、幼い子どもたちが、私たちを見つけて手を振ってくれたり、指を指したりする場面が、今までと比べて明らかに多いのです。

　さらに住民についても、消防に理解のある方が圧倒的に多く感じられました。また、救急現場での周囲の雰囲気についても、何か温かいものが漂っていました。

　確かに大正消防署には、ほかのエリアにはないような、何か違った風が吹いていたのです。それは、なぜなのか。私なりに考えてみました。

　その理由の一つに挙げられるのが、「鉄道が発達しておらず、バス移動が中心である」ということです。

鉄道に比べて時間的な寛容さが求められる環境が、人の心をおおらかにしているのではないかと思うのです。

（２）初体験の連続

　ところで大正消防署では、消防人生の最後であるにもかかわらず、「初めての経験」が多かったように思います。特に災害関係では、「大阪北部地震（平成30年〈2018年〉６月８日）」がその一つです。災害対応のため、消防局の全職員が出勤の対象となる、「１号非常招集」がかかりました。私は自宅から徒歩で、約２時間半をかけて出勤しました。

　また、台風24号（平成30年〈2018年〉９月29日〜10月１日）の警戒のため、二日連続の当直勤務をしたのも深く記憶に残る経験でした。

　さらに、酷暑の平成30年（2018年）７月23日には、全国的に救急要請が増加。大阪市消防局においても、１日の救急件数としては、過去最高の985件を記録しました。

　災害以外では、平成30年度の大正消防署の署内交通標語に私の考えた標語が採用されたこともありました。
「公用車　無事故も任務の　ひとつです」
　これは１年間使用していただきました。
　また、今まで培ってきた「予防救急」の集大成のよ

うな仕事にも巡り合えました。大正消防署ホームページに、「救急隊連載　本当にあった予防救急」を月1回掲載したのです。

　その中では、実際に救急隊が経験した事案を川柳とともに二つずつ紹介。私が経験した実際の出来事と同じようなことをして、救急車が必要な事態にならないように注意を促しました。

　そして、最後の勤務となった当直明けの3月31日にサプライズが。仲間の計らいで、前日に配置されたばかりの新車の梯子車に試乗できたのです。その時の大阪市内の一望が、私の消防人生の最後の景色となりました。

コラム column
始めよう！　予防救急⑪

バランスの悪い自転車の乗り方は危険です

　20代の母親が、自転車の前部と後部にそれぞれ子どもを乗せ、ハンドルにはレジ袋を引っ掛け、3人乗りで走行していました。信号待ちで停車した際、バランスを崩して自転車ごと転倒。3人ともケガをしてしまいました。

第 **2** 部

私が情熱を注いだ 「連携」と「予防」

私が消防人生を通じて、情熱を注いで取り組んだ二つのことについて、改めてまとめてみようと思います。

「ＰＡ連携活動体制」について

43歳の時に配属された、「警防部司令課指令情報センター」で、救急管制業務に従事していた際、私はある疑問を抱いていました。

救急事案への対応は、ほぼ救急隊が単独で実施しています。唯一、高速道路上の救急事案に対しては、「消防隊」も指令されていました。「二次災害の危険性が高い」という理由から、救急隊への安全管理のためです。

しかし救急活動には、「危険」以外に、「負担」も伴います。たとえば、エレベーターのない共同住宅の４階から、体重が100キログラムもあり、かつ歩行ができないという患者を救急車まで搬出する場合です。また、民家の３階で心肺停止の患者に対し、さまざまな資器材を使用して救命処置を実施した後、救急車まで搬出する場合などです。

前者については、女性隊員が増加する環境において、救急隊員３名だけでの対応は、身体的及び体力的に厳

しい場合があります。

　また後者については、現場で救命処置のために、さまざまな資器材を使用し、その一部分（人工呼吸用のチューブや点滴ルートなど）を患者に装着したまま、人工呼吸や心臓マッサージを継続しなければならない場合です。しかも、使用済み資器材の収容といった一連の活動を、救急隊員3名のみで実施するのは、たいへん酷なことです。

　両者にとって一番問題なのは、「患者の集中管理に支障が出る」ということです。これは患者にとっても、救急隊にとっても好ましくありません。

　したがって、このような場合は、救急隊員の身体管理及び、患者の集中管理を目的として、「救急隊と消防隊との連携活動」が必要となってくるのです。でもその当時、そのような体制は構築されていませんでした。

　そこで、上司にこの疑問をぶつけてみたところ、救急隊が単独で活動する上で、「危険」や「負担」を伴う事案を洗い出すよう指示がありました。

　私はさっそく関係部署である、「警防課」「救急課」「指令情報センター」の三者で、「救急活動に対する支援活動の必要性」について調整に入りました。

　しかしその矢先、大阪市内における列車事故で、軌道敷内で活動中の救急隊員2名が死傷するという事案

が発生してしまいました。この殉職事故を契機に、それまで救急隊の単独活動であった、「軌道敷内の救急事案」に対し、警戒隊を付加した救助出場という新体制が構築されたのでした。

この殉職事故に、私は大きなショックを受けました。三者で調整中の、「救急活動に対する支援活動の必要性」に加え、何かできることはないのかと考えました。消防職員の殉職事故が起きて、初めて体制を強化する……といった、以前から全国的に繰り返されてきた風潮に、私は終止符を打ちたいと思ったのです。「軌道敷」以外でも救急単独活動で、「危険」や「負担」を伴う事案を早急に把握し、事前に対策を講じることで、重大事故を予防しようというものでした。

そこで実施したのが、各救急隊へのアンケートです。内容としては、日頃の救急隊単独活動の中で、「危険」や「負担」と感じる事案を記載してもらうというものでした。

その結果、「危険」については、大交差点や繁華街、「負担」については、心肺停止事案や体重の重い患者、狭隘部分からの搬出といった項目について、多数の救急隊から回答がありました。

その後、このアンケート結果をもとに、前述の三者に加えて、出場手当などの人件費を担当する部署である、「人事課」とともに話し合いをしました。「救急活

動に対する支援活動の必要性」について調整を継続した結果、あと少しで体制構築というところまで漕ぎつけました。しかし結局、その時は成就しませんでした。

　それから10年余りが経過し、「私が定年退職するまでに、この体制が構築されることはないだろう」と考えていました。ところが平成29年6月、急遽、「救命連携活動体制」として構築され、運用開始となりました。

　ちなみにこの体制は、119番受信時に、心肺停止が疑われる事案に対して、「救急隊」と「ＡＥＤを搭載した消防隊」が同時に出場し、現場において救命処置などの連携活動を実施するものです。

　これには私も驚きましたが、実際に私自身も、定年までに31件の救命連携活動を経験しました。この体制の必要性と重要性を、改めて実感しました。

　東京消防庁を含む政令市・20市の中で、この体制の構築に最も時間を要したのが、大阪市消防局でした。内容的には、まだまだ進化させる余地が十分にあると感じています。

　今後とも、進化する救急現場のニーズに適応した体制になっていくものと期待しています。

「予防救急」について

「予防救急」とは、市民が救急車の必要な事態に遭遇しないよう、「市民自らが、事前に予防する」という考え方です。病気にならないように予防する、いわゆる、「予防医学」と同じようなものです。

　私がこの、「予防救急」について意識し始めたのが、平成13年（2001年）頃でした。

　大阪市消防局では、毎年、「職務研究論文」の募集があります。その応募論文の執筆のために、必要なさまざまな資料を集めていた時のことでした。

　大阪市内の過去10年間の災害統計を整理している際、ふと疑問に感じたのです。「なんで毎年毎年、同じような事案が、同じような件数で発生するんやろう？」と。

　たとえば大阪市内では、毎年20万件以上の災害が発生します。その約95パーセントは、「救急」という災害です。その中でも、「急病」という項目が最も多く、そのほか、交通事故や労働災害、転倒などの一般負傷といった複数の項目に分けられます。その発生件数や割合は、毎年、ほぼ変化がありません。

　そこで私が感じたのは、各項目別に予防策を講じる

ことでした。それにより、同じような事案に遭遇する市民が減少し、全体的に救急件数を抑制することができるのではないか、ということでした。

　そもそも、消防の世界では昔から、「火災予防」が「火の用心」という言葉とともに強力に推進されてきました。組織的にも、「火災予防」の部署が独立して存在します。

　しかし、「火災」も「救急」も、市民の生命、身体、財産が傷つく「災害」であることには変わりありません。でもこれまで、「救急」という災害を、「予防する」という概念は、存在しなかったのです。

　そこで私は、前述した職務研究論文の募集に、『予防救急の確立〜救急件数は減らせるのか〜』というタイトルで応募し、予防救急に対する意識の啓発を図ったのです。成績は、「佳作」でしたので、ある程度の評価はいただいたと考えています。

　その後、10年余りが経過した頃、大阪市消防局内に、「予防救急施策研究会」が設置されました。運よく私は救急担当司令として、２年間だけでしたが、その研究会の一員になることができました。

　その研究会では、「市民に対する予防救急の普及啓発」と、「救急車の頻回利用者への対応」を二本柱としました。そして、市民向けの冊子の作成や、各行政

区の福祉担当との連携などにより、強力に施策を推進することができました。

その時に培った予防救急に関するノウハウは、定年までの2年間勤務した大正消防署のホームページでの連載にも生きました。私の予防救急の集大成ともいうべき、「救急隊連載　本当にあった予防救急！」を、毎月1回掲載したのです。

その内容は、救急隊が実際に経験した事案を、「救急川柳」とともに毎月2例ずつ紹介し、救急隊からのコメントを付加するものでした。「傷つく市民が一人でも少なくなりますように」という願いを込めて、執筆していました。

今後とも消防には、「予防救急」を強力に推進していただき、「火災ゼロ」とともに、「救急ゼロ」を目指してほしいと思います。

第 **3** 部

消防の世界を
目指す君たちへ

これから消防士や救急隊員を目指す方々へ、お知らせしておきたい点を箇条書きにして列挙しようと思います。

消防（救急）の現実

・救急隊員は、さまざまな場所で、さまざまな人と会話をしながら事案を処理していく能力が求められます。そのため、コミュニケーション能力が向上するとともに、市民接遇の力を磨くことができます。

・救急要請の対象者には、高齢者や障がい者などの、いわゆる、「災害弱者」が多くいらっしゃいます。さまざまな角度からのケアが必要であるため、救急現場のみならず、普段の生活においても気配りができるようになります。

・自分の知識及び技術を向上させることで、より質の高い、「的確な観察及び処置」という市民サービスが提供できます。

・救命処置などにより、「救命」に直接関わることができる上、その結果として、目の前での蘇生に遭遇することもできます。

・24時間の勤務時間内において、いかなる状況であっても、指令に対する迅速な出場が求められます。そのため食事のペースが速くなったり、トイレ内では常にペーパーを握っていたり、入浴時には服を着る順番に

脱いでおく、ということもあります。

　また、深夜の仮眠中に指令が連続する場合もあるので、睡眠が不規則になりがちです。

・心理学上、人間は初対面の人と会話をすることにストレスを感じるといわれています。したがって救急隊員は、救急事案の一つ一つがストレス、ということもできます。

・救急隊員の体調が、患者より悪くては、洒落にもなりませんので、当務及び非番を問わず、体調管理が必須です。

若年層職員へ

・我々の仕事は一時的であれ、「人の人生」に関わります。我々にとっては、数ある事案の一つにすぎないかもしれません。でも、119番通報で消防に助けを求めてきた市民にとっては、一生に一度のことかもしれません。どうか事案一つ一つを、慎重かつ丁寧に扱ってください。

・法令は、決して市民を制限したり、束縛したりするために存在しているのではありません。法令運用のプロである我々が、「市民のプラス」となるために解釈し、運用することが大切です。

・公私ともに、何をしている場合でも、常に頭の中で、「市民」を意識することが重要です。「市民目線」を忘

れた公務員に、「良質の市民サービス」はできません。

・「消防」は、「災害対応のプロ集団」です。常に、崇高な使命を帯びた組織の一員であるというプライドを忘れないでください。

・現場対応は、常に即断が求められます。その際は、さまざまな角度での想定をするとともに、関係者や市民に対して説明が可能か否かを考慮しましょう。

・自分のやりたいことが少しでも見つかれば、普段から自己主張をしておきましょう。そうすれば、何かのきっかけで、自分の希望する方向に進める可能性が高くなります。

・人に物事を尋ねる場合は、「どうしたらいいですか？」と丸投げするのではなく、「私はこう思いますが、どうですか？」というふうに、まず自分の答えを出してから尋ねるようにしましょう。そうすれば、自分自身の成長にも繋がります。

・物事を実行するか否かで迷った場合は、積極的に前向きな姿勢で実行してみましょう。特に、体制的な案件であれば、なおさら構築の第一歩となる可能性が出てきます。

・もし今後、自分の苦手な部署に配属されたら、まず自分の立ち位置を見つけてください。そして、どうせやらなければならない仕事であれば、なるべく楽しくやりたいものです。配属が自分の希望と異なったとし

ても、その部署の仕事の中で、「楽しさ」を見つけて
ください。どんな仕事であっても、必ず楽しい部分は
あるものです。

・今後、さまざまな仕事をしていく上で、何か一つ、
「自分がナンバーワン」というものを見つけてくださ
い。

　ちなみに、救急救命士である私が目指していたのは、
特定行為の中でも、「輸液処置回数ナンバーワン」で
した。途中、現場から離れた6年半のブランクはあり
ましたが、定年前に「心肺停止事案」で出場した際、
70回目の輸液処置に成功しました。

・前述した通り、「災害に遭遇しない市民」、「たとえ
災害に遭遇しても、自助努力ができる市民」の育成を、
「予防救急」を含めて、今後とも継続してください。

　もし、市民に対する指導がうまくできなければ、結
果的に市民サービスの低下を招いてしまいます。その
流れは、次頁の通りです。

災害に対する市民への指導不足

災害時の対応力の不足

消防への依存

119番通報の増加

救急出場件数の増加

搬送件数の増加

収容不能の医療機関の増加

搬送先決定までの所要時間の増加

救急活動時間の増加

出場可能な救急隊の減少

重症患者への対応が遅延

救急行政としての市民サービスの低下

おわりに

　私が、「消防」という世界に入って35年6カ月が経過しました。この間、大阪市消防局という、「災害対応のプロ集団」の中で、上司、同僚及び部下に恵まれ、そして家庭では、妻がいつも笑顔で精神的に支えてくれたおかげで、なんとか職務を全うすることができました。

　今回紹介させていただいた内容以外にも、さまざまなことが思い出されますが、無事に定年という場所に着地できたことに感謝でいっぱいです。

　ただ、消防士として採用されたにもかかわらず、紆余曲折の末、結局、放水経験のないまま定年となってしまいました。しかし、私が提言した、「予防救急」「資器材補充のコンビニ方式」「資器材消毒の業者委託化」「救命連携活動体制の構築」については、結果的にすべて実現されており、放水以上の経験ができたのは間違いありません。

　今後の「消防」には、私なりの希望があります。
「災害に遭遇しない市民」
「たとえ遭遇しても、自助努力のできる市民」
　そんな「災害に強い市民」を、今後も数多く育成し続けてほしいのです。

わが消防人生に
悔いなし!!

付　記

数字で見る私の消防人生

■災害出場件数

乗車別

車種	件数
救急車	20350
指揮車	51
ポンプ車	20
梯子車	5
化学車	1
救助支援車	1
計	20428

災害別

災害種別	件数	
救急	19788	
	(31)	救命連携活動
火災	183	
その他	457	救助・救護など
計	20428	

　上記の件数は、現場対応部署での「21年6カ月」間のもの。

■中隊長代行の状況

所属	無	有	無率
住吉	11	8	.578
北	2	13	.133
港	17	8	.680
阿倍野	13	7	.650
大正	10	3	.769
計	53	39	.576

　上記の数字は、中隊長代行時の管内での災害発生状況です。「無」は、全く災害が発生しなかった回数。「有」は何らかの災害が発生した回数。よって、92回の代行中、53回は全く災害が発生しなかったことになります（救急を除く）。

■勤務年数

勤務別

種別	年数
警防	28.0
総務	6.0
予防	1.0
学校	0.5

部署別

部署	年数
所轄	22.5
本部	12.5
学校	0.5

階級別

階級	年数
消防士	3.0
消防士長	11.0
消防司令補	10.5
消防司令	11.0

乗組別

乗組隊	年数	
救急	20.0	
日勤	7.5	予防及び総務
指令	6.5	指令情報センター
消火	1.5	消火隊及び梯子隊

■特定行為実施数

種別	実施数
気道確保	122
除細動	9
輸液	70
計	201

　私は救急救命士四期生として活動していましたが、途中で指令情報センター勤務となり、一時的に現場から離れていました。そのため上記の数字は、救急隊員として活動していた17年3カ月間のものです。

■表彰関係

・署内弁論大会（最優秀）……昭和61年

・第2回救急救命技術発表会（最優秀）……平成7年

・救急活動に対する表彰……平成4・5・6・8・9・29年

・永年勤続表彰（20・25・30・35年）

　　　　　　　　　　　　　　……平成16・21・26・31年

・救急医療功労者表彰(大阪府医師会長)……平成27年

その他

■職務研究論文

平成11年（1999年）都島消防署：佳作

ＯＨＣＰＡと「救命の鎖」

〜消防組織からのアプローチ及び私の特定行為実施記録〜

平成12年（2000年）都島消防署

〈一般論文〉

バイスタンダーの心理的障壁の解消

〜メンタルバリアフリーについて〜

〈課題論文〉

21世紀の救急行政及び救急隊のあり方

平成13年（2001年）都島消防署：佳作

予防救急の確立

〜救急出場件数は減らせるのか〜

平成14年（2002年）司令課

自治体消防発足百周年の時代

〜災害のないまちは実現できるのか〜

平成15年（2002年）指令課：優秀

救急活動上の「危険及び負担」の軽減についての一考察　〜これからの救急活動はどうあるべきか〜

平成16年（2004年）指令課：佳作

「119番受信時における応急手当の口頭指導」につい
ての一考察　～最先着の救急隊員として～

平成17年（2005年）指令課：佳作

救急事案から見た「危機意識の向上」についての一考
察　～組織レベル及び市民レベルからの提言～

平成18年（2006年）指令課

「命のコール119番」についての一考察
～救命救急の危機を回避するために～

平成19年（2007年）指令課

大阪市内の「心肺停止」についての一考察
～人生最大の危機を回避するために～

　※受賞論文については、最後に勤務した大正消防署で保管
　していただいています。

著者プロフィール

大浜 誠一郎（おおはま せいいちろう）

1959年3月、香川県高松市に生まれ、まもなく大阪へ移住。宝珠学園幼稚園（堺市）、堺市立英彰小学校、浜寺小学校、浜寺中学校、大阪府立泉陽高等学校、島根大学法文学部法学科を経て、1983年10月、大阪市消防吏員を拝命。1995年、救急救命士の国家資格を取得。

2019年3月、大正消防署を最後に定年により救急担当司令で消防界を引退。大正消防署ホームページで2年間、「救急隊連載　本当にあった予防救急」を担当。

消防人生いろいろ　放水できなかった消防士

2020年3月7日　初版第1刷発行

著　者　　大浜　誠一郎
発行者　　瓜谷　綱延
発行所　　株式会社文芸社
　　　　　〒160-0022　東京都新宿区新宿1−10−1
　　　　　　　　電話　03-5369-3060　（代表）
　　　　　　　　　　　03-5369-2299　（販売）

印刷所　　神谷印刷株式会社

ISBN978-4-286-21091-9